AF312572

Vente des 6 et 7 Février 1867.

COLLECTION DE M. G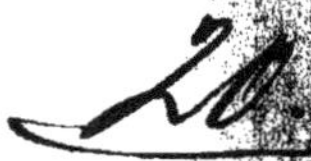

PORCELAINES

DE LA CHINE ET DU JAPON

Exposition publique le Mardi 5 Février.

Mᵉ CHARLES PILLET,	M. CHARLES MANNHEIM,
COMMISSAIRE-PRISEUR	EXPERT

1867

CATALOGUE

DES

PORCELAINES

DE LA CHINE & DU JAPON

COMPOSANT LA

COLLECTION DE M. G***

ET DONT LA VENTE AURA LIEU

HOTEL DROUOT, SALLE N° 5

Les Mercredi 6 et Jeudi 7 Février 1867

A DEUX HEURES

Par le ministère de Mᵉ **Charles PILLET**, Commissaire-Priseur,
rue de Choiseul, 11,

Assisté de M. **Charles MANNHEIM**, Expert, rue de la Paix, 10.

Chez lesquels se distribue le Catalogue

EXPOSITION PUBLIQUE

Le Mardi 5 Février 1867, de une heure à cinq heures.

CONDITIONS DE LA VENTE

Elle sera faite au comptant.

Les adjudicataires payeront *cinq pour cent* en sus des enchères.

L'exposition mettant le public à même de se rendre compte de l'état des objets, il ne sera admis aucune réclamation une fois l'adjudication prononcée.

———

Paris.   Imp. de Pillet fils aîné, rue des Grands-Augustins, 5.

DÉSIGNATION DES OBJETS

Porcelaines

1 — Beau vase modèle balustre, en ancienne porcelaine de Chine, décoré en émaux très-brillants de la famille verte, à arbustes, oiseaux et rochers. La gorge présente une frise de rosaces avec médaillons de fruits. — Haut., 28 cent.

2 — Vase forme bouteille, à panse surbaissée et anses découpées à jour, en porcelaine blanche de la Chine, gaufrée à ornements, de la plus grande netteté d'exécution. — Haut., 27 cent.

3 — Vase forme balustre, à gorge évasée et à pans, en ancien céladon bleu turquoise de belle qualité. — Haut., 40 cent.

4 — Vase à panse sphérique, en porcelaine de Chine, décoré de dragons et d'ornements se détachant en bleu et rouge

de cuivre sur fond émaillé brun. Ses anses, formées d'animaux fantastiques, sont émaillées bleu. — Haut., 25 cent.

5 — Bol en porcelaine de Chine, décoré intérieurement et extérieurement de dragons à cinq griffes, de grues sacrées et de fleurs émaillées en couleurs. Ses bords sont décorés de fleurs et d'attributs divers se détachant sur un fond d'émail vert et jaune. — Diam., 25 cent.

6 — Vase en forme de balustre renversé, en porcelaine de Chine, décoré de dragons et de nuages gravés en creux dans la pâte et émaillés vert. — Haut., 26 cent.

7 — Vase de forme surbaissée et à ouverture large, en poterie de Satsuma, décoré de rosaces et de branches de pin émaillées en couleurs et rehaussées d'or. — Haut., 15 cent.

8 — Grand vase forme balustre, en porcelaine de Chine, à fleurs et oiseaux gaufrés sous émail bleu empois. — Haut., 43 cent.

9 — Vase de forme ovoïde à bourrelet transversal, en porcelaine de Chine, décoré de fleurons émaillés bleu et d'arabesques en relief émaillées brun. Ses anses sont formées de têtes chimériques saillantes. — Haut., 20 cent.

10 — Vase modèle balustre, en porcelaine de Chine, à fleurs

et ornements gaufrés en relief et réservés en blanc sur fond d'or. — Haut., 25 cent.

11 — Vase forme bouteille, à deux anses à animaux chimériques, en porcelaine de Chine, émailleé brun à l'imitation du bronze. Marque en creux au cachet. — Haut., 37 cent.

12 — Bol à décor artistique en émaux de la famille verte, offrant à l'extérieur des groupes de femmes de la plus grande finesse d'exécution. L'intérieur présente une branche de pêcher dont le fruit porte le signe de longévité en or. — Diam., 22 cent.

13 — Vase en forme de bouteille, décoré de fleurs et d'arabesques en or sur fond rouge. Marque en rouge au cachet. — Haut., 32 cent.

14 — Beau vase en forme de balustre carré, à arêtes en relief et à deux anses, en ancienne porcelaine de Chine, décoré en émaux de la famille verte. Ses faces principales présentent des sujets familiers, et ses faces latérales des arbustes, des fleurs et des oiseaux. — Haut., 35 cent.

15 — Petit vase modèle balustre, en ancien céladon vert d'eau, à fleurs gravées sous émail. — Haut., 21 cent.

16 — Deux jolies buires de forme persane, à panse aplatie; elles sont décorées de cartouches à fleurs réservées en or et en blanc sur fond rouge, et d'ornements et de fleurs en couleurs. Les couvercles sont en argent. — Haut., 27 cent.

17 — Deux vases de forme cylindrique, à gorge rétrécie, en porcelaine laquée noir, et figures et paysages burgautés. — Haut., 24 cent.

18 — Petit vase forme balustre, à deux anses formées de branchages et de fleurs en relief, en terre émaillée vert uni. — Haut., 17 cent.

19 — Petite jardinière en ancienne porcelaine de Chine craquelée brun clair, de forme basse et à têtes saillantes. Socle en bois sculpté. — Diam., 11 cent.

20 — Compotier en porcelaine mince, décoré au bord d'un caillouté émaillé bleu avec fleurettes en couleurs; au milieu, et paraissant appliqué sur une branche de fleurs, se trouve un rouleau peint portant une branche de roses et un oiseau émaillés en couleurs. Le revers du bord est émaillé pourpre. — Diam., 20 cent.

21 — Assiette creuse en porcelaine mince, à bordure décorée de cartouches de fruits en couleurs, avec entre-deux de rosaces en noir. Au centre, groupe de deux femmes et d'un enfant très-finement dessinés au trait en noir et rehauts d'or. — Diam., 21 cent.

22 — Très-belle assiette creuse en porcelaine mince, décorée d'une quadruple bordure à fleurs, arabesques et rosaces émaillées en couleurs, et présentant au centre un rocher garni de fleurs et trois oiseaux. Revers émaillé pourpre. — Diam., 21 cent.

23 — Belle assiette creuse en porcelaine mince, décorée au bord d'arabesques, et à fleurs réservées en blanc sur fond d'émail bleu épais; elle offre au centre un sujet familier à deux personnages, et divers attributs décorés en camaïeu bleu et rehauts d'or. — Diam., 21 cent.

24 — Belle assiette creuse en porcelaine mince, à sujet familier au centre et très-riche bordure; le tout émaillé en couleurs et revers pourpre.

Très-belle épreuve du modèle connu sous le nom de : *Assiette aux sept bordures.* — Diam., 21 cent.

25 — Assiette en porcelaine mince, à bordure décorée de fleurs et d'ornements divers, et présentant au centre deux coqs sur un rocher couvert de fleurs; le tout émaillé en couleurs. Revers pourpre. — Diam., 21 cent.

26 — Compotier en porcelaine mince, présentant au centre un sujet de chasse au cerf dans un paysage montagneux, émaillé en couleurs avec bordure de fleurs et arabesques en or et argent sur fond rouge. — Diam , 21 cent.

27 — Deux petits perroquets sur rochers en céladon violet. — Diam., 11 cent.

28 — Poisson et chimère couchée en ancien céladon bleu turquoise. — Long., 9 cent.

29 — Petit vase en forme de balustre renversé, en porcelaine ha-

ricot rouge uni. Socle-support en bois sculpté. — Haut.,
20 cent.

30 — Théière très-curieuse, à panse sphérique réticulée à
rosaces et décorée de rosaces et d'ornements émaillés en
couleurs. L'anse et le goulot son formés de chimères
en ronde-bosse, et le couvercle est surmonté d'un oiseau.
Belle qualité ancienne. — Haut., 12 cent.

31 — Autre théière en forme de balustre surbaissé à
quatre lobes et à anse surélevée, en ancienne porcelaine
de Chine, décorée en émaux de la famille verte à fleurs
et rosaces. — Haut., 15 cent.

31 *bis* — Théière en ancienne porcelaine de Chine, de forme
sphérique à anse surélevée, émaillée bleu uni et décor
d'or. Elle offre sur chacune de ses faces un médaillon
renfermant un coq, une poule et des fleurs exécutés en
relief et émaillés en couleurs, avec bordure de fleurs réservées en blanc et or sur fond rouge. — Haut., 13 cent.

Pièce curieuse.

32 — Petite coupe de forme longue et arrondie avec côtés
rétrécis, en ancienne porcelaine de Chine, décorée en
émaux de la famille verte à figures et ornements. —
Long., 12 cent.

33 — Théière en porcelaine de Chine, décorée d'un groupe
de trois personnages et de branchages garnis de fleurs,
finement émaillés en couleurs. — Haut., 12 cent.

34 — Petit vase forme balustre, en porcelaine de Chine
émaillée noir uni. — Haut., 22 cent.

35 — Petit vase de même forme, en ancienne porcelaine
craquelée gris, à têtes saillantes à anneaux mouvants et
bandes d'ornements émaillés brun et conservant des
traces de dorure. — Haut., 20 cent.

36 — Petit vase en forme de balustre surbaissé, en céladon
bleu turquoise jaspé de bleu foncé. Belle qualité. — Haut.,
12 cent.

37 — Deux vases à couvercles, en ancienne porcelaine de
l'Inde, décorés de vases de fleurs et d'ornements émaillés
en couleurs et enrichis d'écureuils et de branches de
vigne en relief. Leurs anses sont formées de dragons
dorés, et un chien de Fo est assis sur les couvercles. —
Haut., 31 cent.

38 — Vase en forme de double losange et à deux anses, en
porcelaine de Chine flambée rouge. — Haut., 23 cent.

39 — Petit vase de forme ovoïde à une anse et à couvercle,
en ancienne porcelaine de Chine décorée en émaux de la
famille verte, à fleurs, oiseaux et ornements. Belle qualité. — Haut., 16 cent.

40 — Vase-applique pour bâtons odoriférants, en porcelaine
de Chine, fond jaune gravé et médaillons de fleurs émaillées en couleurs. — Haut., 18 cent.

G.

41 — Petit vase forme bouteille, décoré de fleurs et d'ornements en camaïeu bleu. Marque à la feuille. — Haut.,
18 cent.

42 — Flacon à goulot renflé, en porcelaine décorée d'arabesques en camaïeu bleu. Marque à quatre caractères en
bleu. — Haut., 19 cent.

43 — Vase de forme cylindrique et basse à trois pieds, en
terre émaillée vert uni. Le couvercle, en émail cloisonné
à fleurs sur fond bleu turquoise et à rosaces découpées à
jour, est surmonté d'un chien de Fo en bronze doré.
Qualité très-ancienne. — Haut., 12 cent.; diam., 12 cent.

44 — Deux pièces : petite bouteille émaillée bleu fouetté et
décor d'or, et petite boîte ronde à attributs dessinés au
trait sur fond bleu. — Haut. de la bouteille, 18 cent.;
diam. de la boîte, 8 cent.

45 — Petite gourde en porcelaine blanche, à fleurs et ornements gaufrés sous émail. — Haut., 9 cent.

46 — Très-beau plateau en forme de feuille garnie de ses
branchages, fleurs et fruits, et avec dragon en relief en
ancien céladon bleu turquoise de belle qualité. Socle en
bois sculpté. — Larg., 32 cent.

47 — Boîte de forme carrée et haute, en ancienne porcelaine
de Chine, décorée au pourtour, d'arbustes en couleurs, et
au fond, d'arabesques émaillées vert et violet sur fond

jaune. Le couvercle est décoré d'arabesques analogues en rouge de fer sur fond blanc. Cette pièce a reçu une gorge à charnière en argent. — Haut., 14 cent.

48 — Boîte de forme oblongue reposant sur quatre pieds, en porcelaine de Chine, décorée de grues sacrées émaillées en couleurs sur fond gravé réservé en biscuit. Le couvercle, découpé à jour, se compose de grues sacrées et de feuillages émaillées en couleurs. — Haut., 13 cent.; larg., 12 cent.

Pièce curieuse.

49 — Bol et plateau, fond chamois truité, décorés de branches de fleurs et de longues feuilles émaillées en couleurs en relief. — Diam., 15 et 22 cent.

50 — Bol et plateau en porcelaine de Chine, fond jaune gravé et fleurs émaillées en couleurs. Marque en bleu au cachet. — Diam., 15 et 19 cent.

51 — Assiette creuse en porcelaine mince; bordure à rosaces et fleurs émaillées en couleurs, et groupes de fleurs et d'insectes au centre. — Diam., 21 cent.

52-53 — Deux grandes et belles assiettes en porcelaine demi-mince, décorées au centre d'un sujet familier et de divers attributs finement émaillés en couleurs. Les bords sont décorés de jetés de fleurs et les revers sont émaillés carmin. — Diam., 24 cent.

54 — Assiette en porcelaine mince émaillée en couleurs;
elle offre au centre deux coqs et un rocher couvert
de fleurs. Le bord présente des médaillons de fleurs
avec entre-deux à rosaces. — Diam., 22 cent.

55 — Trois assiettes en porcelaine mince émaillée ponceau
au revers et offrant au centre des vases de fleurs, des
oiseaux et un sujet familier. Les bords sont décorés
de rosaces et de fleurs. — Diam., 21 cent.

56 — Deux belles tasses et une soucoupe en porcelaine de
Chine réticulée, à rosaces, et décorées de fleurs et d'ornements émaillés en couleurs.

57 — Grande tasse à couvercle et soucoupe, décorée de figu-
rés et de fleurs en camaïeu bleu, et portant la devise
suivante : LA VERTU EST ÉTABLIE JUSQU'AU BOUT DE
L'UNIVERS.

58 — Autre tasse avec couvercle et soucoupe en porcelaine
mince décorée de fleurs et d'insectes émaillés en
couleurs.

59 — Tasse en forme de fleur, à branchages et boutons en
relief émaillés en couleurs. La soucoupe, en forme de large
feuille, a des branchages qui lui servent de pied et elle
est décorée de fleurs à l'intérieur.

60 — Petite coupe en forme de fleur, garnie d'un goulot

prenant naissance au fond de la pièce; elle est décorée
de filets d'or, et le goulot et ces pieds sont formés de
branchages et de fleurs en relief dorés. Pièce curieuse et
rare. — Larg., 11 cent.

61 — Autre petite coupe en forme de feuille plissée, en por-
laine émaillée vert d'eau et nervures dorées et argentées.
— Haut., 45 millim.; diam., 75 millim.

62 — Petite coupe ronde en porcelaine de Chine émaillée
jaune impérial avec dragons à cinq griffes et ornements
gravés réservés en vert. Marque en bleu au cachet. —
Diam., 10 cent.

63 — Deux pièces : tasse en terre émaillée brun avec médaillons décorés en noir sur fond bleu clair et intérieur
truité ; et coupe ronde en porcelaine émaillée gros bleu
à décor d'or et portant la marque en bleu au cachet.

64 — Deux pièces : petite cassolette en porcelaine de Chine
décorée de médaillons de paysages sur fond rouge
rehaussé d'or, et petite pièce carrée décorée à l'imitation
d'un livre en rouge et or, avec caractères noirs sur fond
émaillé bleu clair.

65 — Deux pièces : petite coupe ovale en porcelaine de
Chine, à animaux gaufrés en relief et émaillée gris truité ;
et petite coupe en forme de fleur à branchages en relief,
en ancien blanc de Chine.

66 — Deux petites théières en porcelaine de Chine émaillée ;
l'une en forme de fruit à branchages en relief, et
l'autre émaillée vert et jaune avec anse et goulot émaillés
vert.

67 — Deux pièces : Théière en terre de Bocaro, en forme de
fruit à grains mobiles et destinée à être suspendue ; et
petite pomme émaillée rouge.

68 — Deux petites soucoupes japonaises en porcelaine
mince ; l'une est décorée d'une tête de femme émaillée
en couleurs, et l'autre présente un paysage en camaïeu
bleu.

69 — Beau vase forme balustre à papillons en relief simulant
des anses ; en porcelaine de Chine fond bleu soufflé, jaspé
de vert, d'une très-belle réussite, — Haut., 23 cent.

70 — Vase à eau de forme carrée et à poignée transversale à
la partie supérieure, en ancienne porcelaine de Chine
décorée de figures, de rochers et de fleurs émaillés en
couleurs. — Haut., 21 cent.

71 — Jardinière de forme ronde et surbaissée en porcelaine
blanche ; la panse, réticulée à jour, se compose de fleurs
et de rubans gaufrés en relief, et les anses sont formées
de têtes de béliers en relief. Les ajours permettent de voir
un décor d'ornements en camaïeu bleu couvrant la surface
du corps du vase.

Cette pièce, que nous considérons comme orientale

malgré le caractère européen de ses reliefs, mérite de fixer l'attention des amateurs. — Haut., 10 cent.; diam., 15 cent.

72 — Deux pièces : Sorte de siége de forme hexagone à dossier bas, en terre émaillée en couleurs, et décoré d'ornements en relief; et cornichon formant gourde en porcelaine émaillée vert. — Haut. et larg. du siége, 16 cent.

73 — Petit vase à panse ovoïde et gorge rétrécie et évasée, en porcelaine de Chine émaillée bleu fouetté et portant des caractères et des fleurs décorés en or. — Haut., 20 cent.

74 — Vase en forme de balustre aplati à deux anses, en porcelaine de Chine décorée à l'imitation du bronze vert. Socle à gorge en bronze doré. — Haut., 24 cent.

75 — Petit vase en forme de gourde en porcelaine de Chine décoré à l'imitation du bronze vert. — Haut., 16 cent.

76 — Jolie boîte en forme de paon accroupi et dont la queue est ouverte en éventail, en poterie de Satsuma, émaillée de couleurs très-brillantes sur fond chamois et rehaussée d'or. Le couvercle est en bronze ciselé et doré, de travail européen. — Haut., 22 cent.

77 — Vase en forme de bouteille à panse sphérique et gou-

lot droit légèrement évasé, en porcelaine de Chine décorée de fleurs et d'ornements émaillés en couleurs sur fond vert clair. Marque en rouge au cachet. — Haut., 28 cent.

78 — Joli vase forme balustre allongé, à couvercle, en porcelaine de l'Inde, décoré de rosaces en or et points d'émail vert, enrichi de bandes de fleurs et d'écureuils en relief et émaillés en couleurs et or. — Haut., 28 cent.

79 — Petit vase, modèle balustre, en porcelaine de Chine émaillée blanc avec fleurs gravées sur engobe. Pièce curieuse et rare. — Haut., 20 cent.

80 — Joli vase en forme de bouteille persane à goulot très-allongé, en porcelaine blanche, décorée d'ornements et de divers attributs en camaïeu bleu. Belle qualité. — Haut., 24 cent.

81 — Vase forme gourde, en porcelaine de Chine gaufrée à fleurs, grues sacrées et ornements réservés en blanc sur un fond d'émail brun très-brillant. Qualité rare. — Haut., 24 cent.

82 — Vase forme balustre à côtes et à anses têtes en relief garnies d'anneaux, en porcelaine de Chine émaillée vert d'eau uni. — Haut., 25 cent.

83 — Vase en forme de balustre renversé, en porcelaine de
Chine à fleurs aquatiques et ornements gaufrés en relief
et émaillés en couleurs sur fond bleu turquoise. Pièce
intéressante par le caractère particulier de son décor. —
Haut., 27 cent.

84 — Joli vase en porcelaine mince de la Chine à décor
émaillé représentant une marche de cavaliers et de divers personnages dans un paysage. — Haut., 25 cent.

85 — Vase à ouverture large, en porcelaine de Chine gaufrée
à côtes, et décoré de fleurs, de fruits et d'oiseaux en émaux
de la famille verte. — Haut., 18 cent.

86 — Vide-poche formé d'un personnage accroupi portant
une hotte, en poterie de Satsuma, décorée en émaux de
couleurs très-brillants sur fond chamois truité. — Haut.,
13 cent.; larg., 20 cent.

87 — Coupe ovale en forme de rocher, en ancien blanc de
Chine légèrement craquelé. — Haut., 13 cent.; larg.,
23 cent.

88 — Petite bouteille en porcelaine de Chine émaillée blanc,
à fleurs et ornements gravés sous émail. — Haut., 24 cent.

89 — Théière en ancienne porcelaine de Chine, à branchage
et fruits en relief émaillés en couleurs,

90 — Vase en forme de balustre surbaissé, en porcelaine de
Chine émaillée bleu-gris et craquelée. Sa gorge est garnie de trois petits animaux en relief. Qualité peu com-
mune. — Haut., 20 cent.

91 — Vase à panse et à gorge de forme cylindrique, en porcelaine de Chine craquelée brun, à bandes transversales
gaufrées en relief. et à deux anses et frise gravée, émaillées brun. — Haut. 22 cent.

92 — Vase de forme sphérique en porcelaine de Chine émaillée jaune nankin et décoré d'un dragon en relief émaillé
en couleurs. — Haut., 16 cent.

93 — Vase en forme de balustre à deux anses surélevées à
têtes chimériques, en porcelaine de Chine, décoré d'attributs divers et d'ornements gaufrés en relief et émaillés en
couleurs sur fond brun verdâtre.—Haut., 22 cent.

94 — Coupe ronde en porcelaine de Chine émaillée en brun,
jaune et vert à l'imitation de marbre. —Haut., 11 cent.;
Diam., 20 cent.

95 — Deux vases en forme de cornet, à arbustes gravés
émail et autres, décorés en bleu et rouge de cuivre. —
Haut., 24 cent.

96 — Petit vase en forme de sac garni d'un gland, en poterie
de Satsuma, décoré d'ornements émaillés en couleurs sur
fond chamois. — Haut., 11 cent.

97 — Vases en forme de gourde à deux anses, en porcelaine
de Chine, décoré de rosaces et d'ornements en camaïeu
bleu sur fond jaune. — Haut., 24 cent.

98 — Coupe plate en forme de fruit, garnie de feuilles et de
branchages en céladon vert d'eau uni. — Larg., 22 cent.

99 — Petit vase, forme bouteille, en porcelaine de Chine,
décoré de fleurs émaillées en couleurs. — Haut., 19 cent.

100 — Deux plateaux forme feuille, en terre émaillée vert,
portant des caractères gravés en creux et reposant sur
trois petits pieds bas.

101 — Vases forme bouteille en porcelaine de Chine émaillée
brun et craquelée. — Haut., 23 cent.

102 — Deux vases forme balustre en porcelaine de Chine;
l'un d'eux est émaillé noir et l'autre bleu foncé. — Haut.,
20 et 23 cent.

103 — Vase en forme de balustre simulant une large feuille
en porcelaine de Chine émaillée vert, attachée par un ru-
ban émaillé jaune. — Haut., 25 cent.

104 — Coupe de forme contournée reposant sur trois pieds
bas et à deux anses formées de branchages, en porcelaine
de Chine craquelée gris. — Haut., 12 cent.

105 — Jolie tasse et sa soucoupe en porcelaine mince, à figures européennes émaillées en couleurs et riches bordures à fleurs et rosaces rehaussées d'or.

106 — Vase en porcelaine de Chine à feuilles gaufrées en relief et émaillée rouge haricot craquelé. — Haut., 37 cent.

107 — Vase à panse ovoïde en porcelaine de Chine émaillée
vert émeraude truité. Nuance rare et bien réussie. —
Haut., 31 cent.

108 — Vase de forme analogue, en porcelaine de Chine, décoré d'un paysage montagneux avec fabriques, émaillé
en couleurs. — Haut., 40 cent.

109 — Fort vase en forme de balustre carré, en porcelaine
craquelée gris de la Chine, à anses simulées en relief. Marque en bleu au cachet. — Haut., 37 cent.

110 — Vase en forme de balustre renversé, décoré de dragons
et de nuages en bleu et rouge de cuivre. Il porte une
marque à six caractères. — Haut., 34 cent.

111 — Vase, modèle potiche, en porcelaine de Chine, décoré
de fleurs et d'oiseaux en bleu et rouge de cuivre, rehaussé
de parties gaufrées et céladonnées. Marque à la feuille en
bleu. Pièce rare. — Haut., 32 cent.

112 — Beau brûle-parfums ou jardinière à deux anses torses

surélevées et reposant sur trois pieds bas, en porcelaine
de Chine émaillée violet. Belle qualité. — Haut., 13 cent.;
diam., 22 cent.

113 — Gourde de forme lenticulaire à deux anses reliant la
panse à la gorge du vase, en porcelaine de Chine émaillée
bleu uni. Socle en bois sculpté. — Haut., 28 cent.

114 — Gourde de forme analogue en terre émaillée brun
rougeâtre et à décor d'ornements gaufrés en relief. —
Haut., 29 cent.

115 — Bouteille à panse sphérique surbaissée, en porcelaine
de Chine émaillée violet à reflets métalliques. Marqué en
bleu au cachet. — Haut., 24 cent.

116 — Deux aiguières, forme persane, en deux dimensions,
décorées de figures et d'ornements en camaïeu bleu.
L'une d'elles porte une marque à six caractères. — Haut.,
17 et 23 cent.

117 — Théière de forme cylindrique en porcelaine de Chine,
décorée de médaillons de personnages émaillés en couleurs, avec entourage de fleurs en couleurs sur fond fili-
grané d'or. — Haut., 19 cent.

118 — Vase en forme de balustre en porcelaine blanche craquelée et à deux anses formées de chimères émaillées
brun. — Haut., 22 cent.

119 — Petit vase modèle balustre en porcelaine de Chine craquelée brun et arbustes émaillés bleu. — Haut., 23 cent.

120 — Bouteille à panse cylindrique et goulot droit, en porcelaine de Chine, décorée de dragons décorés en camaïeu bleu et rouge de cuivre. — Haut., 23 cent.

121 — Théière en terre émaillée brun en forme de pêche, à fleurs et fruits en relief. Elle porte la marque de Spode en creux. — Haut., 17 cent.

122 — Petit vase de forme surbaissée, en porcelaine persane, décoré de fleurs et de rameaux en camaïeu bleu. — Haut., 10 cent.

123 — Vase en forme de double losange et à anses têtes d'éléphant, en porcelaine craquelée gris de la Chine. — Haut., 31 cent.

124 — Théière en porcelaine blanche du Japon, à médaillons d'oiseaux laqués or sur fond rouge. — Haut., 18 cent.

125 — Vase en forme de bouteille à deux petites anses à jour, en porcelaine de Chine émaillée rouge haricot. — Haut., 31 cent.

126 — Petit vase, modèle balustre renversé, en porcelaine de Chine jaspée violet. — Haut., 20 cent.

127 — Vase forme bouteille en porcelaine de Chine, décoré
d'oiseaux et de fleurs en bleu et rouge de cuivre. —Haut.,
30 cent.

128 — Vase en forme de cornet à panse renflée et large base,
en porcelaine de Chine, décoré de fleurs et d'ornements
émaillés en couleurs. — Haut., 28 cent.

129 — Vase en forme de grenade en terre émaillée gris jaspée de vert. — Haut., 18 cent.

130 — Plat à barbe en porcelaine de Chine, décoré de figures
et de fleurs émaillées en couleurs. — Larg., 31 cent.

131 — Plaque honorifique en forme de caractère, en porcelaine de Chine, enrichie d'ornements en relief dorés sur
fond émaillé bleu. Cette pièce, destinée à être suspendue,
est accompagnée de sa monture en bois sculpté. — Haut.
totale, 35 cent.

132 — Petite plaque en forme de fruit, destinée à être suspendue, en porcelaine de Chine, émaillée bleu soufflé et
chauve-souris en relief réservée en rouge de fer.—Long.,
8 cent.

133 — Grande et belle assiette en porcelaine mince, à sujet
familier composé de trois figures d'enfants et d'une figure
de femme, avec attributs et fleurs finement émaillés en
couleurs. Revers émaillé carmin. — Diam., 24 cent.

134-144 — Vingt-deux belles assiettes, dites d'échantillon, en porcelaine de Chine, variées de décors. Elles seront vendues par deux.

145-149 — Huit beaux compotiers en porcelaine de Chine, décors variés, dits d'échantillon. Ils seront vendus par deux ou séparément.

150 — Plateau rond en porcelaine de Chine, décoré d'arbustes et d'oiseaux. Son bord extérieur est décoré de dragons émaillés en relief, en jaune sur jaune. — Diam., 29 cent.

151 — Plateau rond, décoré de deux chimères et d'ornements au bord, émaillés en couleurs sur fond rouge haricot. — Diam., 29 cent.

152 — Plat rond en porcelaine de Chine, décoré intérieurement et extérieurement de dragons et de nuages émaillés vert sur fond jaune impérial. Il porte une marque à six caractères. — Diam., 31 cent.

153 — Beau plat rond en porcelaine de Chine, décoré d'écussons armoriés émaillés en couleurs avec entre-deux de fleurs et bordures d'ornements en camaïeu bleu. — Diam., 39 cent.

154 — Coupe ronde en porcelaine de Chine, émaillée vert émeraude. — Diam., 21 cent.

155 — Coupe ronde, décorée de figures et de fleurs en camaïeu bleu, et portant au bord une grecque gravée en creux. — Diam., 19 cent.

Pièce curieuse.

156 — Bol en porcelaine de Chine, émaillé bleu empois extérieurement et décoré de feuillages et d'ornements en camaïeu bleu à l'intérieur. Il porte une marque à six caractères. — Diam., 15 cent.

157-160 — Neuf coupes ou bols en porcelaine de Chine, variés de décors, et qui seront vendus par lots.

161-207 — Environ cent tasses et soucoupes, dites d'échantillon, en porcelaine de Chine, variées de formes et de décors. Elles seront vendues par lots.

208-213 — Vingt-huit soucoupes ou plateaux en porcelaine de Chine, variés de décors. Ce lot sera divisé.

214 — Petite jardinière de forme cylindrique et petite tasse à deux anses en porcelaine de Chine craquelée gris. Cette dernière pièce provient de la collection Debruge.

Objets variés

215 — Jolie trousse de médecin en ivoire laqué or, enrichie d'oiseaux et de fruits en nacre incrustée et sculptée en relief.

216 — Petit groupe de personnages assis sur rocher, et singe en bambou finement sculpté.

217 — Trois petits plateaux ou soucoupes en ancienne porcelaine de Saxe.

218 — Plateau en faïence, à décor en camaïeu bleu sur blanc. Marque à la fleur de lis.

219 — Jardinière à deux anses en faïence de Rouen, à décor polychrome, paysages et ornements.

220 — Jardinière de forme cylindrique et deux plateaux en faïence de Delpht.

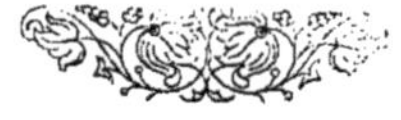